JN408961

내 그리움 그 너머에

南岡 李鍾遠 詩選集

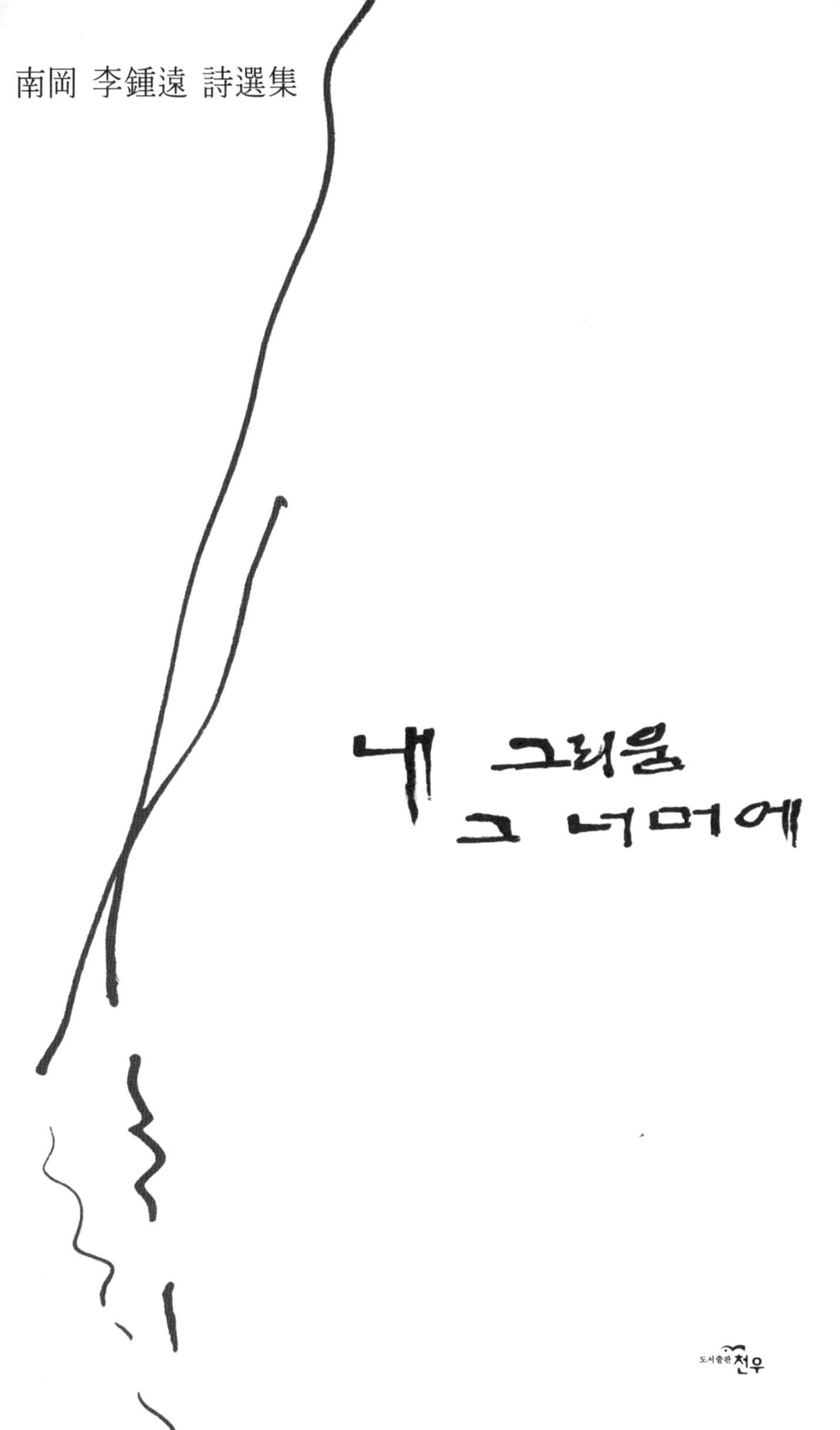
南岡 李鍾遠 詩選集
내 그리움
그 너머에
도서출판 천우

책머리에

150억 년 전에 우주가 형성되고 46억 년 전에 지구가 생겨났다고 한다. 그리고 우리 인류가 지구 위에 탄생한 것은 불과 50~200만 년밖에 되지 않았다고 한다.

고릴라 침팬지에서 갈라져 진화하여 두 발로 걸어 다니는 직립보행直立步行을 하게 되고 불을 만들어 이용하고 도구를 사용하고 언어를 구사함과 동시에 집단행동을 함으로써 만물의 영장이라는 위대한 훈장을 목에 걸게 되었다.

유구한 자연의 역사에 비한다면 엊그제 태어난 유인원類人猿의 후손인 인간들은 급격한 발전을 이루었다. 하지만 발전에 따른 부작용도 만만치 않다.

1900년 초에 16억이던 세계 인구가 1930년에는 20억, 1990년에는 53억, 2010년에는 70억으로 100년 만에 4배나 늘어나고 2050년에는 드디어 세 자리 수인 100억이 될 것으로 추산한다.

기하급수로 증가하는 인구의 식량을 마련하기 위해 20세기 초에 비해 60배의 넓은 임야가 개간되어 산림은 파괴되었고 서식지를 잃어 멸종된 동식물만 1,000종을 넘는다는 보고도 있다. 그런데도 에티오피아를 비롯하여 수단, 아프리카, 북조선인민공화국 같은 30억 명이 아직도 식량 부족으로 굶주리고 있는 실정이다.

보다 질 좋은 삶을 위해 과학은 발달하고 그 문명의 이기利器로 인한 부작용으로 지구는 사막화되고 산성비, 성층권 오존 파괴, 토양과 수자원의 오염, 전염병의 창궐, 암, 에이즈, 폭설, 태풍, 홍수, 해일, 지진, 화산 폭발 같은 재난이 연달아 발생하고 지구온난화로 남극과 북극의 빙산의 해빙과 해면상승海面上昇, 주거지 수몰, 북극곰의 멸종 등이 현실로 다가오고 있다.

인류 역사상 문명이 발달된 3,500년 사이에 3,270년 동안 전쟁에 휩싸였고 전쟁 없는 해는 단 230년 밖에 안 된다고 한다.

한낱 원숭이의 후손인 인간들은 너무나도 거만하다. 우리들의 모체母體인 자연을 마구 때려 부수고 불 지르고 다른 생명체들을 마구 살생하여 잡아먹는가 하면 한층 더 사치하고 잘 먹기 위해 끼리끼리 싸우고 죽이고 총 쏘아대며 원자폭탄 터뜨리니 참으로 한심하기 짝이 없다.

도대체 우리가 살아가야 할 정도正道란 무엇인가. 진리라는 것이 있기는 있단 말인가. 타의에 의해 이 지구상에 태어났다가 100년도 못살고 죽는 인간은 어떻게 살다가 죽어야 하는가. 진흙 구덩이에서 사투하는 이전투구泥田鬪狗가 되어야 하는가.

나는 행운이다. 좋은 가정 부잣집에서 태어나 좋은 환경 속에서 자랐고 의식주 부족함 없이 최고 학부까지 교육을 받았다. 그리고 시인이 되고 수필가가 되었다. 아들딸들 다 남에게 손가락질 받지 않는 사람으로 자랐다. 시집 4권, 회고록 1권을 출판하고 이제 다섯 번째 시집을 출판하게 되었다. 졸수를 맞이하는 지금도 아직 건강하다는 말을 듣는다. 이 얼마나 행복한 노릇인가. 모든 인간이 추구하는 궁극적인 목표는 행복이 아닐까.

행복이란 물질적 풍요도 그 한부분이겠지만 형이상학적인 행복 즉 마음으로 행복을 느껴야 진정한 행복일 것이다. 인간의 욕심은 한이 없어 웬만하여서는 만족을 느끼지 못한다. 이상을 낮추어야 한다. 눈높이를 반으로 낮추면 행복이 보인다. 마음을 다스려 욕심을 반쯤 버리면 스스로 행복해진다. 그리고 자연으로 돌아가야 한다. 대자연의 일부분인 좁쌀만 한 크기로 돌아가면 스스로 행복해진다. 3억 개체의 아버지의 씨앗 중에서 나 혼자만이 어머니 뱃속에 살아남아 만물의 영장이 되었다는 그것만으로도 나는 얼마나 행복한지 모르겠다. 물욕, 명예욕 다 낮추고 시인이 된 행복, 이 나이에도 이렇게 건강하다는 행복, 에티오피아나 아프리카나 북조선이 아닌 대한민국에 태어났다는 행복, 야만시대가 아닌 문명이 발달된

20세기에 태어난 행복, 굶주리지 않고 많은 교육을 받았다는 행복, 산 좋고 물 맑고 푸르른 바다가 있고 춘하추동 사계절이 아름다운 곳에 태어났다는 행복, 이 이상 또 무엇이 필요하단 말인가. 허욕은 사람을 불행하게 만든다. 결국은 혼자서 외롭게 빈손 툭툭 털고 떠날 것 아닌가.

자, 우리 욕심을 조금만 버리고 자연으로 돌아가 행복하게 살자.

모든 생명의 모체母體인 자연을 파괴하는 자는 이 지구 위에 생존할 권리가 없다.

그리고 남을 속일지언정 자기 자신은 속이지 말자.

끝으로 다섯 번째 시집을 상재함에 있어 작품을 선정해준 황 시인, 자청하여 교정을 봐준 강문석 문우, 평론을 써주신 부산문인협회 정영자 회장과 출판을 맡아 주신 도서출판 천우에 감사의 뜻을 표하며 표지 및 디자인과 그림을 도와준 조카 이산우(李山雨) 교수에게도 고맙다는 말을 남긴다.

차 례

슬프고도 아름다운

허덕이며 울부짖으며

행여나 날 찾아오시려거든

설원의 방랑자

풍란의 세레나데

독한 향수

슬픈 버릇

거울 속에 숨은 자

종착역

나는 괜찮습니다

행복을 끌어안고

시詩

혼자 바빠서

생명수

삶의 조건衣食住

자살

아주 작은 별이 되어

즐거움을 보듬고 사는 늙은이

빨간 풀꽃

슬프고도
아름다운

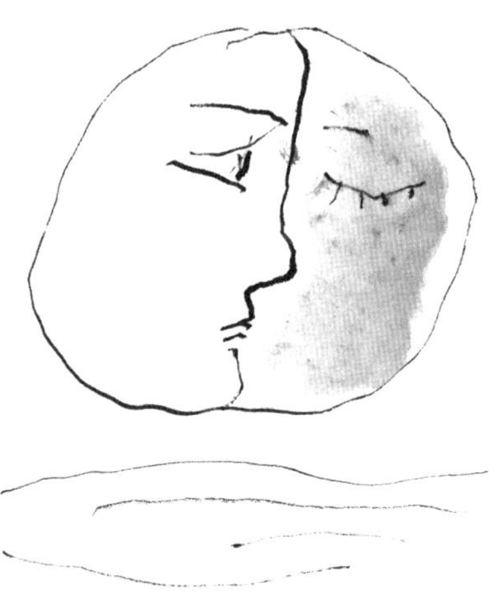

슬픈 버릇

불 끄고도 잠 못 이루는 기-ㄴ긴 시간
뒤척이고 또 뒤척이는 괴로운 버릇은
입술 깨물고 싶도록 아쉬운
그것인가 봅니다

잠 깨어도 눈감고 한 시간 두 시간
어제와 내일을 헤매는 허무한 버릇은
그릇되지 않게 살고픈 나의 꿈
그것인가 봅니다

즐거워도 웃지 못하는 까닭은
거울 속에 비치는 서글픈 내 삶과
세상사 모두가
다 바람 같아서 입니다

슬퍼도 울지 못하는 까닭은
쉼 없이 흐르는 내 애처로운 눈물이
이 세상 거기에서는
아무 쓰임새가 없기 때문입니다

삶의 벼랑길을 절룩이며 기어가며
이상과 현실의 그 갈림길에서 몸부림치며
나의 길을 찾아 허공을 헤매는
슬픈 버릇 그것인가 봅니다

거울 속에 숨은 자

거울 속에서만 살고 있는
뚫어지게 나를 노려보는 자가 있다

도덕이란 방패 뒤에 숨어
교양이란 가면을 뒤집어쓰고
가장 자비로운 듯 선한 듯
마음을 비운 듯 행세하는 너는 누구냐
교활한 자 너의 이름은 위선자

네 아무리 다정한 미소로 아양을 떨어도
네 아무리 값진 물질로 유혹해도
네 아무리 성인군자인 체 혓바닥을 놀리고 거동해도
한낱 젖먹이동물이 진화한 짐승일 뿐인 것을
원숭이의 후손인 것을

대자연의 구성원 그 한 점일 뿐인 너
운명의 검은 손은
네 목을 짓누르고 놓아주질 않는데
아무리 발버둥친들
울고불고 통탄한들
空이로다
無로다
虛가 아닌가

아무리 훌훌 털어버려도
어느 순간 또다시 거울 속에 숨어드는
너는 누구냐

종착역

먼 길 굽이굽이 돌고 돌아
내리는 사람도 타는 사람도 하나 없는
허술하게 뼈대만 남은 간이역에
잠깐 머물다가

키 큰 나무들이
줄지어 서 있는 깊은 산중
가고파도 더 갈 곳 없는 막다른 곳
그곳에 다가가고 있다

폭풍우 눈보라 뒤집어쓰며
이 골목 저 거리
산 넘고 물 건너
달이 뜨고
해가 지고
운명의 수레바퀴
절뚝절뚝 기어가며
다시는 되돌아갈 수 없는
막다른 종착역

거기

나는 괜찮습니다

나는 괜찮습니다

나 아닌 헐벗고 굶주린 저 어린이에게
하얀 쌀밥 한 사발 베풀어 주소서
못 배워 천대받고 매 맞는 저 여인에게
따뜻한 손 내밀어 주소서

나는 괜찮습니다

넉넉하지도 잘나지도 못했을지언정
3억 개체의 경쟁을 뚫고
나 혼자만이 어머니 뱃속에 깃들어
인간이란 최고의 명예로운 훈장을 목에 걸고
이 땅 위에 태어났다는
그것만으로도 나는
얼마나 행복한지 모릅니다

나는 괜찮습니다

저기 저 못난 사람
목숨 바쳐 나를 사랑하겠다는
저 여인에게도 복을 내려주소서

나는 아무래도 괜찮습니다

행복을 끌어안고

만주 땅 툰드라 허허벌판에서
왜놈들의 침략과 싸웠다
소련 군인과 싸웠고
마적들과 싸웠고
공산군과 싸웠다

압록강철교 울며울며 뛰어 건너
삼팔선 지옥문 총칼 앞에
가슴팍 맨살 내밀고 넘었고
육이오 피비린내
조상 은덕으로 살아남았다

죽음의 심연深淵 그 암흑을
맨주먹으로 파고들어
헤치고 기어 넘고
구사일생 몇몇 차례

이젠 조금도 두렵지 않은
그 쩨쩨한 죽음

난 오랜 옛날 죽었다
그리고 지금은 덤의 삶

난 오늘이 마지막인 것처럼 산다
살아 있다는
그 철철 넘치는 행복을 끌어안고

* 하이데거가 죽음을 체험하면 행복해진다.
아픔 없는 행복은 없다고 했다.

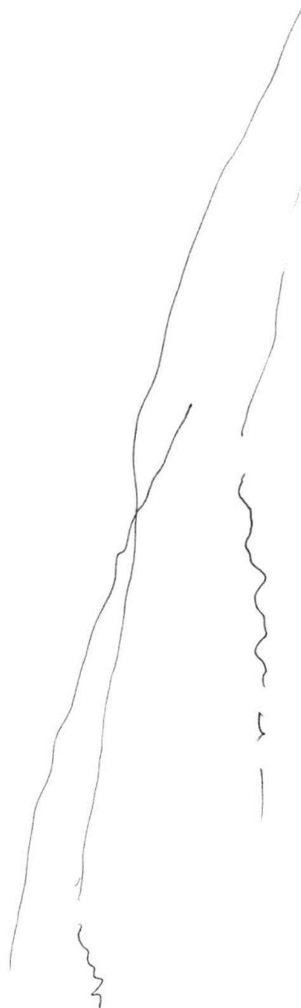

시詩

아닙니다 아닙니다
진정으로 아닙니다

시가 아닙니다
글이 아닙니다

내 이상의 아름다움과
이 현실의 비참함 사이를
울며 기어다니는 슬픈 내 발자국
그것이 올시다

혼자 바빠서

드넓은 우주 속 삼라만상들
언제나 제 갈 길
거기 있는데

공연히
나 혼자 바빠서
지 혼자 급해서

다 허허로운 욕심일 뿐
빈손 툭툭 털고 떠날 것을

자! 우리
차나 한 잔 들자꾸나

생명수

한 방울 또 한 방울
높이 매달린 주사액이
똑 똑 똑
느리게 느리게 떨어진다

정맥으로 밀어 넣어
심장으로 동맥으로
모세혈관 끝 끝까지 파고들어
내 목숨을 지켜줄 생명수

떨어지는 그 약 방울을
뚫어지게 노려본다

커진다 부풀어진다
떨어진다 떨어진다
똑 똑 똑

이젠 벌떡 일어나
훨훨 나는 기분으로
펄펄 뛰는 힘으로
그렇게 젊게 소생할 생명수 약 방울을
뚫어지게 노려본다

* 이문태병원에서.

삶의 조건衣食住

검정 고무신
청 마루에 올려놨겠다

보리쌀 반 되
빌려다 놨겠다

여편네
따뜻한 구들목에 누워 있겠다

비 억수로 퍼부어
태산이 무너져도
나는 걱정이 없네

폭설이 휘몰아쳐
까치가 얼어 죽어도
나는 나는 걱정 없네

자살

아직은 아니다
외롭고 괴로워도
아직은 견딜 수 있다

언젠가 먼 훗날
참다 참다 못 참게 가슴 아플 때
피눈물 날 때

그때 쓰게
아껴둬야지

아주 작은 별이 되어

원두막이 졸고 있는
내 고향 언덕배기

아름다운 꽃들
높은 산 낮은 동산
졸졸 실개천 깊은 강
그리고 드넓은 바다

정 듬뿍 들어
눈물 나도록 그리운 사람들과
서로 서로 사랑하며 사랑하며 살다가

나
저 머나 먼 하늘나라
아주 작은 별 되어
언제나 반짝반짝 웃으며
지구별 너에게 속삭이리라
참 좋았었다고
행복했었다고
손 흔들리라

그리고
지금도 그립다고
지금도 지금도
사랑한다고
사랑한다고

즐거움을 보듬고 사는 늙은이

78세에 시 창작詩創作 공부방에 입학하니 다들 웃더라
79세에 시인으로 등단하니 다들 놀라더라
80세에 수필가로 등단하니 괜찮더라
84세까지 시집 4권 출판하니 보람을 느끼겠더라
85세에 컴퓨터를 배우니 너무 어렵고 힘들더라
하지만 우주 전체가 그 속에 들어 있어 참 좋더라
88세에 회고록을 출판하니 허리 휘어 펴지지 않으나
걸어온 그 자국마다 고인 피눈물이 아름답더라
90세 때쯤 시집이나 수필집 한 권 더 내리라
24시간 내내 365일 내내 즐거움이 나를 끌어안고
옆 돌아볼 짬도 없이 흘러가는 아침 그리고 저녁

빨간 풀꽃

45억 년 긴긴 나날 드넓은 우주 속
붉고 노랑꽃들 아름다움을 자랑하는 정다운 지구

엊그제 바로 200만 년 전
두 발로 걷는 인간이란 젖먹이 동물이 굴러들어와
제멋대로 파헤치고 마구 잘라내고
기름 쏟고 불태우고
총 쏘고 원자탄 터뜨리고 미사일 날리고
끼리끼리 싸우고 또 싸우고
삶의 터전 하늘 땅 오염시키고 오염시키고
또 오염시키고

사랑을 모르는 유아독존 너 두 발 짐승들아
대자연은 그 위대한 섭리에 따라
너 거만한 원숭이후손들을
이 지구 위에서 몰아내려 하고 있다
불난리 물난리 태풍 해일 지진
지구온난화 전염병 암

아직도 사랑을 모르는 어리석은 너
유인원類人猿 족속들아
앞산 오솔길 언저리
이름 모를 작디작은 빨간 풀꽃이
기막히게 아름다운 것을 왜 모르는가

먹을 갈며

돌부처

다 꿈인 걸

가을의 노래

차茶 한 잔 앞에 놓고

목숨

굶주린 30억

우리 서로 사랑으로 손잡자

노래방

술 너는 내 사랑

커피 한 잔의 니힐리스트

태평양 마리아나해구海溝

허덕이며
울부짖으며

먹을 갈며

먹을 간다
까만 밤하늘 그 허공에 대고
먹을 간다

떨어져 나가앉은 밤바다 외딴섬
그 절망에 대고
먹을 간다

내 가슴 허허로운
그 암흑에 대고
먹을 간다

태평양 일만 이천 리그League
그 심연의 해구海溝에
까만 먹물 한 점
천천히 천천히 가라앉는다

희뿌옇게 바닥이 맑아진다
수면 한 귀퉁이 밝아온다
해가 뜬다

붉은 피가 돈다

* 리그League : 약 4.8km

돌부처

비에 젖고
눈에 젖고
바람에 그냥 두들겨 맞으며

한 천 년쯤 서 있으면

뭐가 보이니

별나라
어린 왕자 하고 만나니

돌부처야
나
네 곁에 서 있으면
안 되니

다 꿈인 걸

코발트색 하늘 어귀
하얀 조각구름 한 둘
내 꿈 거기에 실어놓고

방황의 나날

어쩌면 물일지도 몰라
어쩌면 모래일지도 몰라
아니야 산일 거야
아니야 바람이야

아무도 모를 숨결
아무렇지 않은 허무

모두가 꿈이야

가을의 노래

입추立秋 지나 처서處暑
앞동산 키 큰 소나무 푸른 잎 사이사이
하얀 소슬바람

비질한 듯 엷은 구름 높은 하늘 수놓는데
코스모스 들국화 옛 추억 부르누나

소쩍새는 밤 새워 임을 불러 피를 토하고
잠 못 이룬 베갯머리 뒤척이고 또 뒤척이는데

새벽녘 눈썹달이 창을 넘어 들어와
나를 끌어안는다

먼 산 종소리 둘 셋
공空… 공空…

차茶 한 잔 앞에 놓고

내가 땅에 묻히거든
둘레에
영산홍을 가득 심어주게나
봄이 오면 빨갛게 빨갛게
꽃이 필 테니까

그리고
푸르디푸른 저 하늘
멀~리
바라다볼 수 있으면 얼마나 좋을꼬
가을이면 파아란 하늘에 하얀 조각구름이
예쁘게 예쁘게
놀고 있을 테니까

또
누구
내 무덤 찾아와
지고이네루바이젠 바이올린 솔로
그 애절한 소절 한 가락
구슬프게 들려줬으면 얼마나 좋으리

차 한 잔 앞에 놓고
있던 날의 아름다웠던 그 세상
정다웠던 추억에 잠기게끔

목숨

야윈 팔뚝
실날인 양 가녀린 정맥에
파랗게 숨 쉬는 아슬아슬한 내 목숨이여

어쩌면 다시는 되 뇌일 수 없는 내 핏줄을
물끄러미 지켜본다

잘못 걸어온 지난 나날
거기엔 허무만이 매달려 있고
허무 그 뒤엔
헤아릴 수 없는 수많은 그리움만이 존재한다

뒤돌아보면
언제나 아쉬움만이 남아 있는 인생길에서
머나먼 길 아득히 걸어온 옛날을 되새기며
얼마 남지 않은 앞날을 끌어안고
다시는 뉘우침 없게 비우고
또 비워도

그래도 남음이 있는 내 모자람이여
목숨이여

굶주린 30억

하루 1달러로 목숨을 건져야하는
수단 에티오피아
그쪽 원주민들 13억 명
하루 2달러로 죽음에서 도망쳐야 하는
소말리아 백성들 북조선 우리 동포들
그쪽 17억 명

뼈만 남은 건지
그 위에 조금이나마 살가죽이 붙어 있는 건지

배고프다는 말은 사치스런 하나의 꾸밈말
그런 말 잊은 지 이미 오래전
목숨을 건지기 위해선
뭐든 목구멍에 주서 넣어야 한다
맹목적으로 아니 본능일는지도 모른다

이렇게 까지 해서라도
꼭 살아남아야 하는가
굳이 그래야만 하는가
단지 생존본능 그것뿐이란 말인가
그것 말고는 아무것도 없단 말인가

진정
아무것도 없단 말인가

우리 서로 사랑으로 손잡자

아흔 살 할아버지가 소 천 마리 이끌고
너의 땅으로 갔었다

앙상히 뼈만 남은 내 어린 형제들 먹이라고
우유며 쌀이며 약이며 보내주었다
씨감자도 주었다 비료도 주었다

너희들은 우리의 형제
지금은 아니더라도 훗날 먼-훗날
훗날 언젠가는
아이들이 크면 아니 손자 때일지도 몰라
서로
형아 동생아 부르며 누나야 아우야 부르며
얼싸안고 반길 때가 올 거야

그때를 위해
그때까지만이라도 살아남아 달라고
따뜻한 햇볕을 쪼이게 했다
그래도 응석을 떨고 억지를 부렸다
그래도 우리가 잘사는 형이거니 하며
아낌없이 도왔다

오늘 1999년 6월 15일
서해 백령도 앞바다
네 아무리 못났기로서니 네 아무리 어리석기로서니
우리 군함에게 총질을 하다니
이것이 은혜를 갚는 길이더란 말이냐

에~이 어리석고 못난이들
단군 할아버지에게 뭐라고 아뢸 것인가
백두산이 내려다보고 있다 두만강이 울고 있다
너희들은 우리의 참을성을 시험하고 있는 것인가
우리의 힘을 견주어보고 있는 것인가

아서라 말아라
우리 서로 사랑으로 손잡자
우린 다 같은 형제가 아닌가
피를 나눈 한 할아버지 자손이 아니던가

노래방

목구멍이 찢어지도록
마이크 끌어안고 통곡하는 곳
네 설움 내 설움 비벼 마시며
친해지는 곳
눈물 흘리며 허허~차
크게 웃는 곳
무슨 원한 그리 많아
발꿈치로 쾅쾅 짓밟는 곳
미치지 않으면 안 되는 곳
얌전한 귀부인이 더 광란하는 곳
아무리 미쳐도 흉보지 않는 곳
그래야 스트레스 날려버리고
울고 웃고
비우고…
참 좋구나
같이 가자 노래방

술 너는 내 사랑

나 죽거든 술독 밑에 묻어주게나
행여나 한두 방울 떨어질지도 모르니까

술 없이 이 세상 무슨 재미로 사나

세상살이 다 그렇고 그런 거
인간살이 다 이렇고 이런 거

술 너는 하늘 아래 제일 예쁜
나의 애인

내가 기쁠 때 너와 더불어
춤추고 노래하고
내가 슬플 때 너와 더불어
통곡하며 눈물 흘리고
밤을 지새워 너와 더불어
이야기하고 하소연하고
너의 치마폭에 안겨
잠들게 하고

너는 언제나
나를 사랑하고 안아주는
너는 나의 애인
나의 짝사랑

커피 한 잔의 니힐리스트

보다 짜릿한 커피 한 잔의 디저트는
뒷골목 보신탕보다 오히려 진한
여운을 잉태하고

교복 입은 여고생 뒷모습 같은
내내 입속에 맴돌기만 하는
쓰고 단 그 첫사랑의 보헤미안

75년 전 먼 추억들
계동 1번지 중앙고보 그 긴 골목길
종로 네거리 화신백화점
돈화문 창경궁 동물원 긴 돌담길
그리고 비원
숙명여고 진명여고 배화여고 이화여고 신촌

차마 말 한마디 건네지 못하고
긴 긴 날 안주머니 속에 고이 간직했던
하소연이라 할까 내 그리움이라 할까
젊은 베르테르의 러브레터

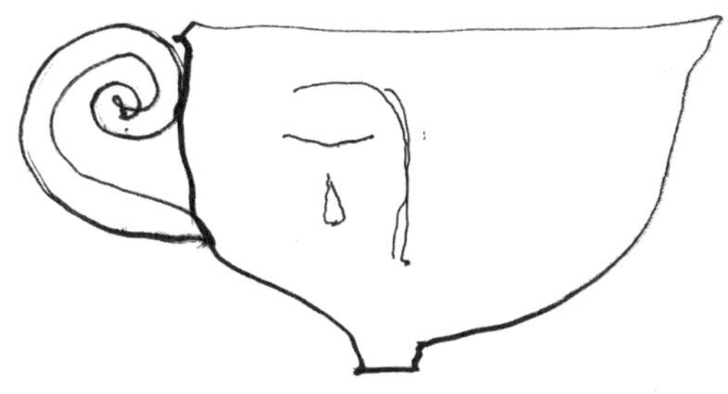

책가방 위에 살며시 얹어놓고
죄지은 듯 달아나던 그 부끄러운 순정
얼굴 통째로가 여드름을 뒤집어 쓴
고보 3학년 제멋대로였던
영원한 짝사랑으로 사리내김한
천상천하 유아독존 그 카리스마

이 밤 한 잔 커피에 취해 잠 못 이루는
새벽 네 시
우주의 유랑아流浪兒 집시
너 니힐리스트여

태평양 마리아나해구海溝

부딪쳐 부서지고 또 부딪쳐
하얀 포말 되는 성난 파도
저 바다

아슴아슴 수평선 거기 다다르면
별들의 고향 은하수 끝자락 끌어안고
하늘과 바다가 하나 되는

머나먼 태평양 3,000리그league 필리핀 해구 6,400리그
마리아나해구 11,000리그 암흑지대 거기

10여 년 자란 민물장어들 사명使命의 부름 받아
성스런 산란 마치고
흐뭇한 가슴 안고 장엄하게 영원으로 돌아가는
영광의 공동묘지

46억 년 전 태초에 지구란 별 생겨나
불바다를 지나 빙하기를 거쳐
아메바 생겨나 흐르고 흘러 땅 위로 기어올라
공룡이 되고 맘모스가 되고 원숭이 호모사피엔스
인간

우리 조상들의 고향 빛 잃은 캄캄한 바다 밑
커다란 바루대로 한 바가지 또 한 바가지
짠물 모두 퍼내고
조상들의 성스런 고향 거기 암흑 천지에 가보련다
그 뻘밭 속에 어떤 꿈들을 심어놓았는지
어떤 진리가 숨어 있는지 찾아보련다

그리고 바다와 하늘이 서로를 끌어안고 하나가 되는
그 사랑을 배우련다

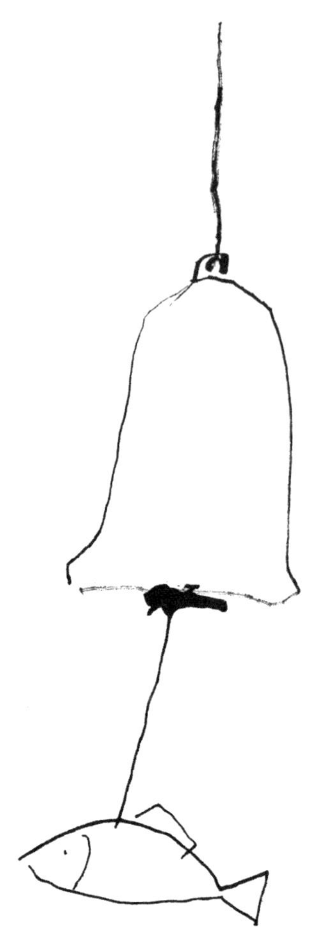

행여나
날
찾아오시려거든

행여나 날 찾아오시려거든

행여나 날 찾아오시려거든
뒷동산 언덕배기 솔솔바람에 나부끼는
하얀 들국화 한 아람 안고 오소서
언제였던가
그 옛날 있던 날의 그 가을날이
아슴아슴 속눈썹에 매달려 그럽니다

산 너머 바위 밑 졸졸졸 감로수도
한 바가지 받아 오소서
너무 오래 기다리느라 까맣게 타버린 가슴을
달래야 할 것 같아서 말입니다

행여나 날 찾아오시려거든
갯바위에 부딪히는 광란의 파도소리도
가슴에 담아 오시구려
당신 가슴에 귀 기울이고
그 정열 느껴보려 합니다
그리고 그 바닷가에서
낚시질도 함께 해보고 싶어서입니다

서녘 하늘에 혼자 울고 있는
낮달도 데려오시구려
혼자라는 것은
너무나 가슴 아픈 일이니까요

행여나 날 찾아오시려거든
맴 맴 맴 맴 온종일 짝 부르는
매미 소리도 익혀 오시구려
세상에 태어나 모든 욕심 다 버리고
오직 사랑만 하다가 죽는 그가
너무 거룩해 배우고자 함입니다

행여나 날 찾아오시려거든
마음속 모두모두 비워두고
빈 가슴으로 오시구려
내 사랑 모두모두 담을 수 있게 말입니다
멋쟁이 젊은이가 자리하고 있으면
내 코빼기 하나 들어갈 쥐구멍도 없을 테니까 말입니다

너무 예쁘게 차려입고 오지는 마십시오
행여 뭇 사내들이 당신을 좋아할까
마음이 졸여 그럽니다
너무 환하게 웃지도 말았으면 좋겠습니다
내 가슴이 찢어질까 두렵습니다
그렇잖아도 자꾸만 두근거리니 말입니다

행여나 날 찾아오시려거든
삼라만상을 모두 사랑하는
성스러운 기도만은 간직하고 오소서
참다운 길은 기도가 아닌가 해서입니다

행여나 날 찾아오시려거든
되돌아간단 말은 하지 마소서
마음 여린 나는 울다가 울다가
심장이 멎어버리고 말 테니까 말입니다

차라리 사랑하는 마음 가슴 가득 안고 오소서
영원토록 행복하게끔 말입니다

하늘은 까맣게 무너져 내리고

앞으로 석 달
그렇게밖에 살 수 없다는
아내의 목숨 앞에
하늘은 까맣게 무너져 내리고
난 돌기둥으로 굳어

바르르 떨리는 손으로
울음 가득 머금은 가슴으로
모르핀 주사를
아내의 팔에 꽂고

화장실에서
커다란 수건으로 얼굴을 감싸 안고
불쌍해서 어쩌나 불쌍해서 어쩌나
미친듯 몸부림치는

오월 열사흘(아내의 제삿날)

서녘 하늘 까맣게 잠들면
있던 날의 아리따운 그 미소 더듬어
머나먼 은하수 여기저기
피눈물로 찾아 헤매다가
동녘 하늘 파랗게 눈 뜨면
허허로운 이 자리
되돌아옵니다

오월 열사흘
밤꽃이 흐드러지게 핀 고향길
당신 무덤 다독이며
쓰디쓴 술 한 잔 뿌려두고
손수건 깨물며 돌아섭니다

삼십 년 옛날 그 정
알알이 파고드는데
혼자라는 이 자리
한숨이며 통곡뿐입니다
오늘도 또 남몰래
허겁지겁 아등바등
구름이고 바람뿐인 허무의 그 자리
가야 합니까

뻐꾸기는 어쩌자고
저렇게도 섧게 날 불러 쌓는고

장맛비

투닥 투닥
유리창 흔들다가

머뭇 머뭇
망설이다가

톡 톡
또 불러보다가

무슨 못다 한 아쉬움 남았기에
저렇게도 날 불러 쌓는고

그 사람 떠나간 지 이미 오래건만

장맛비 2

소리 없이 내 창문 적심은
한없는 아쉬움인가
못다 한 정 알알이 풀고픈
그리움인가

차라리
주먹 같은 소나기 퍼붓지그래
차라리
뇌성번개 때리지그래

남은 자의 가슴앓이
바다 깊이로 잴까 보냐
하늘 높이로 잴까 보냐

잠 못 이루고 몸부림치는
베갯머리
얼룩진 자국마다 가득 찬
한인 걸 어쩌리오
그리움인 걸 어쩌리오

응급실 풍경

청진기를 목에 걸친 하얀 의사와
파란 인턴 십여 명이
다급하게 이리 뛰고 저리 뛴다

저쪽에서는
두 손으로 가슴을 팍팍 눌러
인공호흡을 시키고 있다

놀란 토끼눈의 가족들이
울음을 머금고 뛰어 들어온다

이승과 저승의 갈림길을 헤매는
내 당신은
가만히 눈을 감고 말이 없다

높이 매달린 수많은 비닐주머니 속의
수액輸液들
얼기설기 뒤엉킨 호스와
산소마스크와
모니터의 곡선들
불안을 넘어 공포의 가슴앓이로
파고든다

5할 3할 1할…
박사라는 교수도 장담을 못한다

나는 말문이 막혀버린 돌기둥으로
서있다
또 다른 운명의 신호등이
저 사람과 나를 기다리고 있다

부고장訃告狀

별마저 꽁꽁 숨어버린
칠흑

원초에
허무를 뒤집어쓰고 태어난
모순 속에
투쟁과 고통 속의
뜻 없는 순간순간의
삶을 밟아
이제 이대로
흙이 되어 떠나가는
암흑의 여로

그대 존재했던 날의
모든 것이
이것뿐이었단 말인가
남겨진 이들의 가슴을
갈기갈기 찢어버리는
피눈물은 어쩌란 말인가

정녕 다시는
돌아오지 못한단 말인가
정녕

* 영안실에서.

갈대

시린 강물 한 자락에 발목 담그고
서걱서걱 낮은 울음으로 그를 부른다
다 떠나버린 허허
칠흑 같은 침묵의 하얀 수면水面

물안개로 오려나
붉은 노을로 오려나
아니 구만리 머-ㄴ 하늘
포물선으로 흐르는 별똥별인가
구름 속을 누비는 달그림자인가
한줄기 엷은 바람도 그의 입김 같은데
떠난 사람 아니 오고 목만 빠진다
밤새 오려나
새벽녘에 오려나

이곳 물밑에 한줌 재로 사라져
오늘도 그 흔적 찾을 길 없어
서거적 서거적 밤이나 낮이나
슬픈 피울음으로 강물만 지킨다

* 별나라에 간 아내에게.

꿈

눈물 가득 머금은 그 검은 눈으로
날 찾아오시렵니까
애타게 기다리느라 떨리는 엷디엷은 그 입술로
날 부르시렵니까
예쁘디예쁜 그 인자한 얼굴로
날 맞이하시렵니까
잠자리 날개보다 더 가벼운 옥색 치마 연분홍 저고리로
내 앞에 나타나시렵니까
머-언 먼 은하수 가장자리 찬란히 빛나는 조그만 별 되어
날 기다리십니까 당신

뒤척이고 또 뒤척이는 내 꿈속 거기
어느 도시 지하철역 분수대 만남의 광장
아무리 기다리려도 당신은 오지 않습니다
그 꿈의 광장에서 24시간 내내 365일 내내
난 당신을 기다리는데
수많은 젊고 늙은 여인들이 내 앞을 스쳐 지나가는데
아슴아슴 내 속눈썹에 아롱이는 그 얼굴은
영영 찾을 수가 없습니다
목메어 통곡해도 목구멍이 찢어지도록 불러 봐도
대답 없는 당신이여
어느 날 어느 때에 오시렵니까
내 꿈속 거기

* 하늘나라 아내에게 바치는 노래.

네 눈동자

샘물처럼 맑은
바다처럼 깊은
네 눈동자

온갖 자비를
모든 괴롬을
품었어라

뚫어지게 바라보는
그 속엔
네 혼이 깃들어

여인아

얼음같이 차디찬
네 눈물이
언제나 고여서
내 가슴 갈기갈기 찢어버리는

네 눈동자

딸의 밥상

딸이 보내온
열대여섯 가지 택배 반찬
널따란 식탁이 비좁은
아침식사

등 푸른 고등어조림
쇠고기 장조림
오래 삭은 묵은 김치
아삭아삭 풋고추
쇠고기가 듬뿍 든 미역국

눈물 나도록 너무 맛있는
외로운 식사

네 엄마가 살아있었으면
무척 맛있어 했을 텐데

딸 네가 있어
난 아직 죽지 못하고
이렇게 살아 즐거운가 보다
이렇게 눈물이 핑 돌도록

무제無題

죄스러움을 느끼면서도
당신을 사랑하지 않을 수 없는
안타까움

가슴이 뛰고 뛰어 등에 닿는
설렘과 두려움으로
당신을 끌어안으면
황홀함은
오히려 따뜻한 한 잔의 코코아

비너스 젖가슴인 양
체온으로 전해오는 당신은
내 사랑

떠나는 뒷모습을 지켜보는 나는
차라리 빈 벌판 비에 젖은
한 마리 허수아비

지독한 사랑

너 하나가 하늘이고 땅이고
온 우주宇宙이고

하늘 높이 치솟는 불기둥과
모든 것이 다 불타버리는 화산火山
그 깊은 분화구 거기에
너와 내가 끌어안고 나뒹굴고 있다

너와 나의 오아시스
먼 남쪽 바닷가 여남은 집 어촌마을 어귀
연탄 방 한 칸

봄 여름 가을 그리고
눈이 펑펑 쏟아지는 겨울
밤 낮 모르고 끌어안고 입술 비벼대면
그것이 행복의 모든 것인 어제 그리고 오늘
웃음도 울음도 다 사랑이고 행복이고
네가 내가 되고 내가 네가 되는 밤과 낮
죽음도 삶도 다
바다마다의 수평선 너머로 날려 보내버린 나날

또다시 복수초 노랗게 웃음 짓고
단풍잎 빨갛게 물들고
흰 눈이 소리 없이 내리면
차라리 새빨간 용암이 되고픈 너와 나

저-기 저- 장엄한 저 저택에서
대학교수 너를 기다리는 부인과 아이들이 있어

마지막 술잔 거듭하며
너의 눈물 내 눈물 버무려 섞어 마시는
분출하는 용암인 양 불기둥인 양
너와 나의 사랑 지독한 사랑

* 영화 〈지독한 사랑〉에서.

겨울의 방랑자

눈이 내리네

소낙비

땅 끝에 서서

나의 기도

나의 제자들

첫눈 내리는 아침에

눈이 내리네 2

별이 흐른다

낮달

달이 뜨거든

내 조국아

설원의 방랑자

겨울의 방랑자

밤새도록 울부짖는 먼 먼 북녘 땅
이리들의 고향
한 길도 넘게 쌓인 영하 40도
툰드라 눈벌판

석양에 말 달리는
나라 잃은 유랑자流浪者 너
목젖에 매달리는 흘러간 그 나날
두 눈썹을 적시는 살아남은 감격

눈이 내리면
나는 나는
그 옛날 꿈속으로 방랑의 길 떠나련다

내 제자들
지금도 그 벌판에 뛰놀고 있는지
그날의 그 푸른 꿈으로
백설 같은 영혼으로 얼음 같은 충성으로
떳떳한 독립투사로 자라고 있는지

밤마다 밤마다
추억의 그 눈벌판으로 꿈길 더듬는

나는 나는 설원의 보헤미안

눈이 내리네

삭막한 내 가슴 허허벌판
피 맺힌 상처 그 위에
눈이 내리네
하얗게 하얗게 눈이 내리네

너무나도 서툴게 살아온 삶
입술 깨물고 싶도록 아쉬운 나날
그 위에 눈이 내리네

주먹 같은 함박눈이 펑펑 쏟아지네
솜털 같은 예쁜 눈이
나비처럼 소리 없이 날아 앉네
내 뺨에 콧잔등에 이마에 머리 위에
한 잎 두 잎 내려앉네

뼈아픈 내 눈물인 양
눈이 내리네
눈이 내리네

소낙비

아픔의 그것일지도 모른다
흘러간 그것일지도 모른다
상처뿐인 그것일지도 모른다
그리운 그것일지도 모른다
다시 찾고픈 그것일지도 모른다
뼈저린 내 눈물 그것일지도 모른다

땅 끝에 서서

쫓기고 또 쫓기고 도망가고 또 도망가고
신의주를 지나 압록강을 건너 황량한 만주 벌판
기어 넘고 넘어 흑룡강
여기 이 땅 끝에 서서 피 맺힌 원한을 절규絕叫한다

'네– 이 도적놈 왜놈들아–'

남쪽 지평선은 아무 대답이 없다
조국에 있는 겨레들은 모두 두들겨 맞아
귀머거리가 되었나 보다 벙어리가 되었나 보다

바가지며 냄비며 걸머지고 잘 살아보겠다고
배불리 먹어보겠다고
코흘리개 새끼들 손잡고 찾아온 이곳 개척단開拓團
영하 40도 내 입김에 내 속눈썹이 한 덩어리로 얼어붙는
동토凍土의 땅
옥수수 감자만 먹고 쌀농사는 지을 수 없는
충경개척단忠慶開拓團

학생들 일본말 책 다 빼앗아 찢어 불살라버리고
가갸~ 거겨~ 고교~ 구규~
칠판에 써 내려간 눈물의 우리글
우리의 맹세
1. 우리들은 고려의 백성이외다.
1. 우리들 고려의 백성들은 충성을 다하여 조국을 지키겠나이다.
1. 우리들 고려의 백성들은 조국을 위하여
   한 방울의 피까지도 아끼지 않고 다 받치겠나이다.

충경개척단공립 충경국민우급학교 용선둔분교 우급학년 칠판에는
忠慶開拓團公立 忠慶國民優級學校 龍船屯分校 優級學年
조국의 약도와 '우리의 맹세' 가 일 년 365일 내내 쓰여 있다
절대 지워서는 안 된다

수업을 시작하면 먼저 독립을 기원하는 5분간 기도
쥐죽은 듯 고요하다
이윽고 선생님의 선창先唱에 따라 학생들의 드높은 복창復唱소리가
고려백성高麗百姓의 맹세가
교실을 뒤흔들고 온 마을로 퍼져나간다
학생들에게는 분명 시간표가 있다
그러나 선생인 나에게는 없다

조국의 역사 민족의 얼 그리고 왜놈들의 만행을
두 시간 세 시간 연속 강의한다
입에 거품을 물고 열변을 토한다
밤새워 읽은 민족의 비화秘話를
코흘리개 어린것들에게 책상을 치며 울부짖는다

드넓은 만주벌판에 흙으로 네모꼴 성을 쌓고
그 안에 70~80호 집을 짓고 학교도 짓고
왜놈은 한 놈도 없다 중국 사람도 없다
오직 가난하고 못난 조선 사람 우리들끼리만
갈팡질팡 허둥대고 있다

전쟁이 끝날 무렵
중국 사람 장사꾼들의 출입이 늘었다
왜놈첩자의 끄나풀도 찾아왔다
그는 우리 조선 사람이었다
나는 왜놈들을 욕하고 조선 독립을 강렬하게 외쳤다
그가 떠날 때 일본군 헌병대장실로 나를 초청했다

이 무슨 짓궂은 운명의 장난이란 말인가
여기 이 땅 끝에 서서 또 어디로 쫓겨 가란 말인가
조선 사람으로 태어난 죄
조국을 되찾으려는 죄
보상받을 길 없어라

18세 혈기 넘치는 학교 사환使喚 박 군은
흑룡강을 건너자고 소련 땅으로 가자고
밤마다 밤마다 졸라 대는데
동서남북 곳곳마다 눈보라요 혹한이요 무인지경인데
여섯 자 못 되는 이 한 몸
하룻밤 발 뻗을 곳 찾을 길 없어라
눈보라 휘몰아치는 툰드라 그 속을
어떻게 헤매일꼬
피에 굶주린 이리떼가 울부짖는 시베리아 원시림을
어떻게 넘어갈꼬

내 이 마지막 한 방울의 피가 마를 때까지
내 이 마지막 한 방울의 피가 얼어붙을 때까지
이 땅 끝에 서서
조국 독립 만세를 한없이 한없이 외치리라
피를 토하며 절규하리라

* 일제 때 북만주 개척촌에서 교편을 잡으면서.

나의 기도

밥 먹다가 후다닥
무릎 꿇고 눈을 감는다
30분 40분 긴~긴 묵상
마주앉은 H선생 수업에 들고
정신 나간 선생 나 혼자
아직도 돌부처 시늉 도깨비 시늉

뼈저리게 흘러간 날 되뇌어본다
잔악한 침략자 무도한 지배자 일본제국 채찍 아래
신음하는 백의민족
사생결단 조국 탈출 동토의 땅 소만국경
한 가닥 희망 담은 어린 학생들

고향 떠나 구천 리 북만주 눈벌판 툰드라 여기
조국 독립 쟁취 위해
어린 학생들 우리 한글 배워야 하고
정신무장 체력훈련 시켜야 하고
나 혼자만이라도 아니 박 군 함께 데리고
중국으로 갈거나 시베리아 눈벌판 소련으로 갈거나
빨리 가자 빨리 가 내 조국이 위독하다
일본 헌병 그들이 나를 찾는다

국물은 식어버렸고 밥도 굳어버렸다
숟가락을 움켜쥐고 눈알이 튀어나게 마구 퍼넣는다
영하 50도 눈벌판 소만국경
이리 떼가 울부짖는 그 밀림 넘어야 한다

하루 세끼 밥상머리 앉을 때마다
무릎 꿇고 눈감고 다짐을 해도
조국은 어느 세월 독립할 거나
학생들은 언제쯤 굳세질 거나
나는 나는 어느 전선 싸워야 하나
장열하게 죽는 날 그 언제인가

긴 한숨 몰래 눈물 끝이 없구나

나의 제자들

영하 40도 눈보라 휘몰아치는
북만주벌판 개척단 폐허 거기에
내 제자 그들을 내팽개쳐놓고
나 혼자 돌아왔습니다
눈에 보이는 땅 끝 백설뿐인
그 광야의 눈벌판 툰드라 거기에
그들을 묻어놓고 팻말도 하나 남기지 못하고
나 혼자 돌아왔습니다
어미애비 품안에서 그들을 끌어내어
보듬고 돌아오지 못했습니다
내 목에 매달려 울부짖는 그들과 같이
울기만 했습니다

글쎄 그 애들이 만약에
만약에 살아 있다면
일흔을 훌쩍 넘어 여든은 되었겠구나
조국이 광명을 찾은 지 어언 65년이나 흘렀으니까

오늘 스승의 날
내 가슴에 카네이션 꽃 하나 달아줄 제자는
아무도 없습니다

다만 가끔 꿈속에서 가—끔
함께 말 달리며 경주를 하기도 했습니다
총 메고 말 타고 노루 사냥도 했습니다
썰매를 타고 희희낙락 뒹굴기도 했습니다
아무도 모르게 흑룡강을 넘어
타국 땅 시베리아로 망명도 했습니다
이리 떼가 울부짖는 밀림 속 눈밭에서
동서남북마저 구별할 수 없는 방랑길을
헤매기도 했습니다
언제나 칠판에 새겨져 있는 '우리의 맹세' 를
목구멍이 찢어지도록 외치기도 했습니다
해가 지지 않는 백야白夜엔
운동장에 나와 공을 차기도 하고
머—ㄹ리 남쪽 지평선을 바라보며
한숨짓기도 했습니다

이젠 내 제자들은 아무도 없습니다
그러나 내 가슴속에서는
언제나 언제나 가득 뛰놀고 있습니다

* 2010년 '스승의 날' 에 부쳐서.

첫눈 내리는 아침에

초저녁 눈썹달이
아주 작은 별 하나 데리고
한사코 날 부르더니
새벽잠을 깨우며 첫눈으로 다가온다
온 누리를 감싸 안고
펄펄 쏟아진다 휘몰아친다

나는 나는
60년도 넘게 훌쩍 흘러가버린 까마득한
그 옛날의 북만주벌판으로
추억의 방랑길을 떠난다

눈 싸인 벌판을 밤을 지새우며 울부짖던
이리 떼
하늘과 땅이 맞닿는 끝없는 지평선에서
울분을 불태우며 백마를 다그치던
벌판의 보헤미안
남쪽 지평선 넘어 구천 리
머나먼 내 조국 그리워 눈물짓던
툰드라대평원

지금도
내 제자들은 거기에서
늙고 늙으면서 그렇게 살고 있겠지
이리 떼와 더불어
함박눈을 맞으며

눈이 내리네 2

시베리아 국경 툰드라 설원雪原
피눈물 나도록 사랑하는
내 제자들과 더불어
정 가득 든 애마愛馬와
더불어

나는 눈 속 깊이깊이 파묻혀버렸네
눈덩이 수만큼이나 많은 이리 떼에게
둘러싸여
눈이 되어 버렸네
얼음덩어리가 되어 버렸네

65년 세월 까마득히 흐른 오늘
그 눈이 그 얼음 덩어리가
구천 리 머나먼 남쪽 내 조국 대한민국
그 하늘 아래
살포시 내려앉네
펑펑 쏟아져 내리네

옛날 옛적 그 추억으로 내리네
독립군으로 휘몰아쳐 날리네
만세 소리로 쏟아지네
독립된 대한민국 평화로 내리네
사랑으로 쏟아지네

펑펑 쏟아지네
휘몰아쳐 날리네
소리 없이 내리네

눈이 내리네

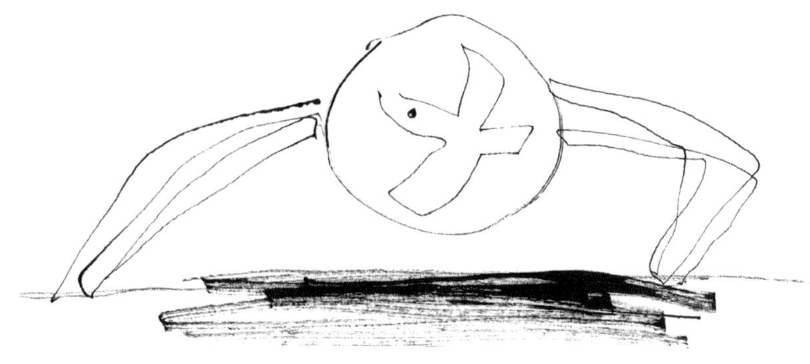

별이 흐른다

파도에 밀려온
눈썹달 건지려고
낚시 담그니

포물선 빨갛게
별이 흐른다

문득
밀물처럼 가슴 가득
옛 님 그리워

먼— 하늘엔
은하수 고아라

낮달

기다리다 지쳐서 찾아오느냐
그리워 못 견디어 찾아오느냐

아무도 모르게 어둔 밤
살짝궁 오지 않고
남이 보면 어쩌려고 소문나면 어쩌려고

그래 그래 괜찮다
에드워드 8세 윈저公처럼 왕관도 버리고 심프슨 너랑
예조판서 김정한처럼 거열형도 마다 않고 황진이 너랑
숙종처럼 임금 짓도 하지 말고 동이 너랑

인간사
그것 말고 또 뭣이

달이 뜨거든

당신 줄려고
예쁜 핸드백 하나
그리움 가득 채워
가져왔는데

달이 뜨거든
내게로 오라

호수에
별이 총총 내리거든

분 바르고
입술 짙게 칠하고

다가오라

내 조국아

시베리아 한 자락 땅 끝 흑룡강 언저리
하늘 맞닿는 끝없는 툰드라 대 설원

이리떼는 밤을 지새워 울부짖고
피마저 얼어붙는 영하 40도
한 길도 넘게 싸인 눈벌판에서

가난하고 못난 조선사람
나라 잃은 민족 우리들끼리
동서남북 갈 길 못 찾고
쩔룩쩔룩 삶에 짓눌려

목구멍이 찢어지도록 통곡하며
오늘도 불러본다

내 조국아!

— 만주벌판 개척촌에서

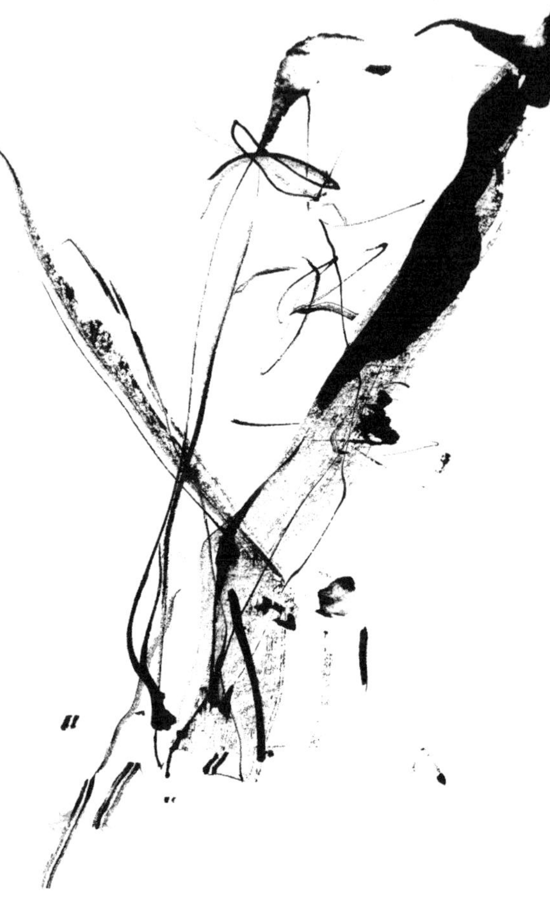

풍란의 세레나데

풍란風蘭

머~언 먼 남쪽 바닷가
아찔 낭떠러지 바위 끝
한 포기 풍란

너 그리워 몸부림치는 푸른 바다
광란狂亂의 파도
하얀 포말로 부서지며 부서지며
애타게 다가오고

파도에 고이 씻은 갈매기 흰 나래
애~ 애~ 애~
눈물겹도록 널 부르고 또 부르고

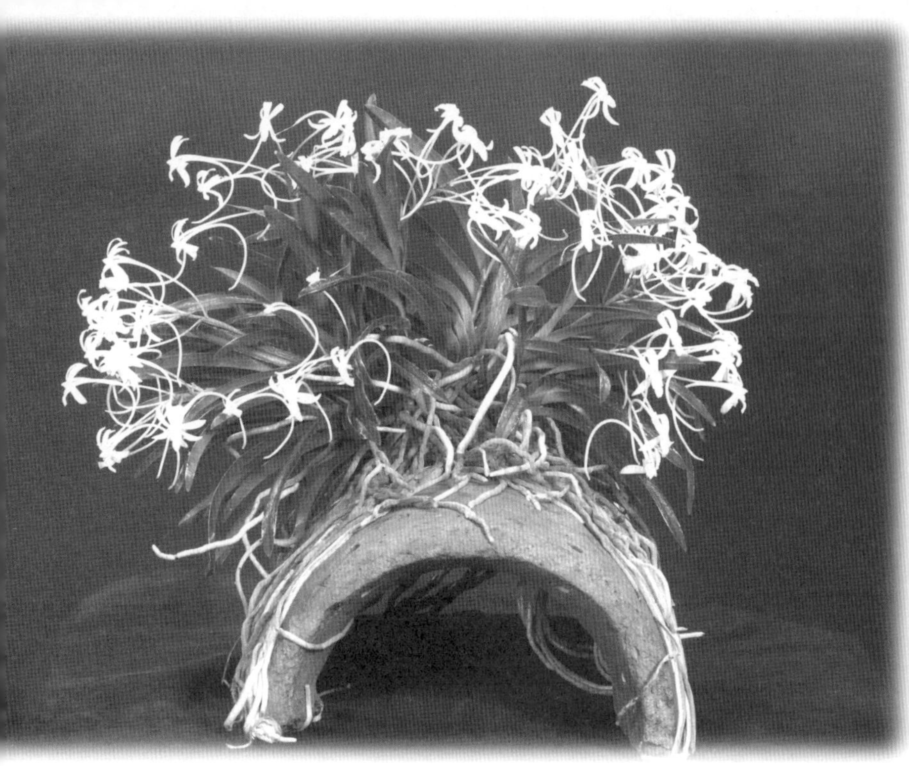

폭풍 태풍 사나워도 엄동설한 힘겨워도
아스라이 매달린 가냘픈 뿌리
서럽도록 너 향한 그리움
푸른 잎 하늘 향해 수평선 향해
뻗고 또 뻗고
순결의 절개로 하얀 꽃 소소히 피운
한여름
숨 막히도록 달콤한 향 너를 부른다

사랑하는 사람아 사랑하는 사람아
그립고 그리워
목 놓아 너를 부른다
너를 부른다

풍란과 기와

빼쪼롬이 빼쪼롬이 치밀고 나오는
엷디엷은 연두색 또는 복숭아색
새로 돋은 뿌리들

기왓장을 끌어안고 파고들며
같이 살자고 몸부림치는
풍란의 애처로움

늦여름
잠자리 모양 나비 모양
새하얀 꽃이 팔십 구십
싱그럽고 달콤한 향을 풍기면

이것이 기와를 그리는
풍란의 광란 세레나데
이것이 풍란을 맞이하는
기와의 사랑 살풀이춤

200년 된 옛날 빗살무늬기와와
10년 된 풍란의 불같이 뜨거운
사랑 이야기

사랑의 풍란

어둠이 짙게 물들면
까마득히 깜박이는 오리온 카시오페아
너 그리워
구만 리 먼 별나라 이 골목 저 거리
밤새워 기웃거리며 사랑의 풍란 향
살며시 풍기고

짙은 안개 비바람 천지를 휘감으면
미친 듯 동서남북 마구 휘젓는
머언 먼 등댓불
바다 위 길 잃은 유람선 화물선
애끓는 뱃고동 소리 가슴 저려
아련한 풍란 향
어둠을 뚫고 날려 보낸다

안개 속 파도 속 길 잃은 배들아
이리로 오려무나 뭍으로 오려무나
사랑하는 사람아 사랑하는 사람아
이리로 오려무나 내게로 오려무나

* 안개가 휘몰아쳐 항로를 못 찾을 때 풍란의 그윽한 향기가 풍기면 육지가 가까워졌음을 안다고 한다.

달맞이꽃

흐리면 어쩌나
비가 오면 또 어쩌나
달 뜨지 않는 밤엔
난 울어버리고 만다

험한 산 귀신골짜기로
추방되는 벌을 받는다 해도
당신만을 사랑하는 나는
노랑꽃으로 외로운
달맞이꽃

끝내 사랑받지 못하는
나 혼자만의 짝사랑이라 해도
목숨 다하는 그날까지
바라보기만 해도
난 행복한 여인

보름달 오늘밤은
당신 품에 안겨
밤새워 춤추고 싶어라

당신만을 바라보는 나는
바보 달맞이꽃

* 전설 : 인디언로즈는 추장의 작은 아들을 사랑했는데 작은아들은 다른 처녀와 결혼하고 추장의 다른 남자와의 결혼 명령을 거부한 로즈는 귀신골짜기로 추방되어 달을 추장의 작은아들이라 생각하고 밤마다 달과 함께 행복했다. 2년 후 추장의 작은아들이 후회하고 찾아갔으나 로즈는 죽고 달빛 아래 희미한 한 송이 노랑꽃만이 피어 있었다. 로즈는 죽어서도 사랑하는 사람을 기다리듯 달맞이꽃으로 변하여 밤이면 언제나 달을 보고 피었다. 추장의 아들과 사랑한 지 2년 만에 죽으니 달맞이꽃도 2년을 살고 죽는다.
* 꽃말 : 기다림

기와붙임 풍란

속살 고은 흙을 퍼다 발꿈치로 짓이기고
두 손으로 다듬어 빗살무늬 줄을 그어
천백 도 불가마에 여러 날 구워낸
윗대 장인 빚어놓은
200년 된 빗살무늬기와 한 장 얻었네

온실에서 오년 자란 풍란 한 포기
기와 위에 고이 붙여
기와붙임 풍란 한 점

첫새벽에 물 주고 저녁나절 또 뿌리고
창문 열어 통풍시켜 햇볕 쏘이고
정 주고 사랑 주고 애인인 양 다섯 해

열한 줄기 꽃대에 팔십 여덟 하얀 꽃
눈멀도록 아롱아롱 잠자리 모양
가슴깊이 파고드는 아련한 그 향기

천하에 으뜸가는 아름다운 이 작품
딸을 주랴 아들 주랴
사랑하는 애인 있다면
너에게 주련만…

소심란素心蘭

네 그 가냘픈 어깨에서 요동쳐
손끝으로 굽이 굽이 흐르는
살풀이춤의 흐느낌

밀양백중놀이 양반춤
하보경 옹翁의 그 춤사위를
네가 흉내 내려는구나

하얗고 소소한 꽃은 티끌 한 점 없는
순진무구
백의천사 우리들 아낙네
그들의 숨겨진 피 맺힌 눈물이어라
황진이 그 몸짓이어라
가야금 열 두 줄 그 흐느낌이어라
구구절절 피를 토하는 김삿갓의
애절한 통곡이어라
천하의 선비들을 황홀케 만드는

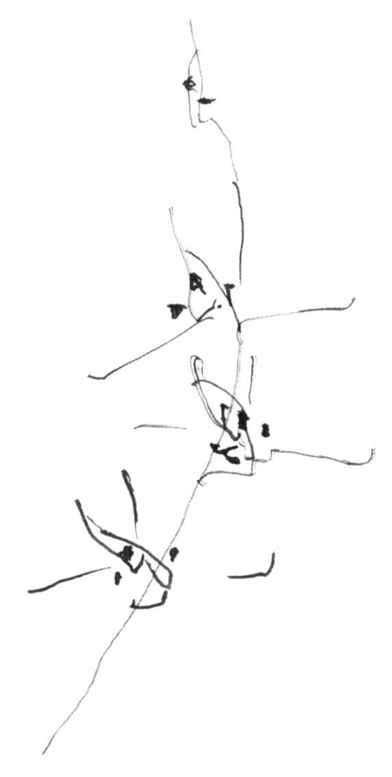

네 이름이 소심素心이라 했던가
네가 그 애절한 몸짓으로
그윽한 향기마저 풍기며
지조 높은 이 선비를 유혹하려 드느냐
이 요망한 요망한…

아~ 너를 물리칠 수 없는
내 이 안타까움이여
그리움이여

욕심

비굴하지 않은 그 카리스마
고독을 먹고사는 산짐승
너 산중왕山中王 호랑이
범띠 해 올해엔
너를 꼬~옥 닮고 싶구나

으스러지도록 어깨 바싹 낮추고
먹이 좇는 너처럼
맨 맨 밑바닥을 한 발 또 한 발
배때기 바닥에 바싹 붙이고
소리 죽여 기어가자

저~기 저~ 바로 저 앞에
네 소망이 있잖니 네가 바라는
그 목마름
그것이 뭔지 난 잘 모르겠다

어쩌면 구름일는지도 모른다
어쩌면 바람일는지도 모른다
맨주먹 불끈 쥐고 태어나
빈손 툭툭 털고 떠날 우리네 인생
아서라!
새삼스레 욕심은 또 무슨…

다만
해풍에 시달리며
천 길 낭떠러지에 매달린 한 포기 풍란
그 아련한 향
한 움큼 품어봤으면
참 좋으련만
정말 좋으련만…

* 산중왕 : 범의 존대말.

가을 그리고…

좁디좁은 내 아파트 베란다
헤고Hego 위에
아기자기 매달린 마삭줄 한 잎 두 잎
바람과 노닐다 사랑에 취해
노랗게 빨갛게 울며 떨어지고

앞동산 오솔길 외딴 모퉁이
어설프게 무리지은 억새풀 한 무리
발꿈치 치켜들고 머-언 구름 손짓하며
서걱서걱 낮은 목소리로 가을을 부르는데

서쪽 먼 하늘
누가 곱게 비질했는가
낮달이 혼자 앉아 슬픈 시를 쓰고 있다

남쪽 공원 언덕배기 굴참나무가지 위
짝 잃은 소쩍새
밤하늘 머-언 별나라 이 집 저 집
소쩍 소쩍
피울음 토하며 짝을 찾아 밤을 지새우고

별들의 푸른 눈물
하얀 나비 되어 소록소록 날아와
터-ㅇ 빈
내 한쪽 옆구리 덮어주면
나는 너와 더불어
어여쁜 백설공주 하나
하얗게 얻으려나

* 헤고Hego : 열대지방에 자라는 검은색 나무로 보습 효력이 좋아 화훼식재 바탕으로 사용함.
* 마삭줄 : 넝쿨식물의 일종.

방황

은하수를 떠돌다
하도 아름다워
지구별 그 위에
잠깐 한 발 내려디뎠는데

90년
너무 오래 머물었나 보다

하기사
어린 왕자 별로 되돌아간들
어차피 또
방황의 허공을 떠돌 것을…

방황의 끝자락 다다라
지구별 너처럼
산 좋고 물 맑고
드넓은 푸른 바다

정에 겨워 눈물짓는
그런 사람들 사는
작은 별 만나

억겁 년 살고 지고
억겁을 살고 지고

빗살무늬기와를 씻으며

비툴비툴 억세게도 못생긴 200년 기왓장
서툴게 그어놓은 빗살무늬
그 무늬 하나하나를
나일론 솔로 수세미로 곱게 곱게 문질러 닦는다

영욕에 찌든 인간세상
흙먼지들 오물들
내 맘속 허욕의 덩어리들
하나하나 뜯어낸다

두 주먹만큼이나 큰 풍란 한 포기
 그 기와 위에 정성껏 붙여
물 뿌리고 정주고

하얀 꽃 피면
싱그러운 그 향 멀리 풍기면
아련한 이 사랑
님께 주고파
부푼 가슴 그리움 가득 안고
빗살무늬기와를 닦는다

반쪽

땅에 파묻히고 남은 반쪽으로
불에 타고 남은 반쪽으로

아픔으로 외로움으로
허덕이며
울먹이며

목마름으로 그리움으로
손짓하며 부르며

천 년 회한悔恨의 그리움으로
서로 만나
끌어안고 볼 비벼대고

통곡 웃음의 반쪽과 반쪽
너랑 나랑

어느 6월

왈칵 피비린내가 철조망을 무너트리고
내 가슴에서 포탄으로 터집니다

피의 능선 죽음의 계곡엔
헤아릴 수 없이 많은 아군도 적군도
처참하게 죽어 나뒹굴고

스탈린탱크가 내 집 안방을 기어 넘고
모택동 날라리나팔은 더 많은 땅덩어리를 부른다
김일성의 잔악한 붉은 별들이 온 천지에 총총 박혀
흡혈귀로 변하던 날

한 줌 재가 되어 돌아온 우리네 형제들
이산가족이 된 평화
굶주림에 울부짖는 행복
그 잔인한 달 6월이
우리네 등골에 쇠말뚝을 박은 그 6월이

아! 60년도 넘게 흘러간 그 통곡의 아픔들이
내 가슴에 피눈물로 어리어
오늘 조기弔旗로 내 창문에서 통곡합니다

— 2011년 현충일에

독한 향수

고향 생각

필봉산筆峰山에 철쭉 피면 소식 전해주게나
경호강鏡湖江에 은어 놀면 소식 전해주게나

그리워도 생각나도 가지 못하고
고향하늘 바라보며 한숨짓노라

감 홍시가 빨개지면 날 오라 하게나
기와지붕 눈 쌓이면 날 오라 하게나
어릴 적 그 시절 하도 그리워
늙기 전에 죽기 전에 다시 가고파

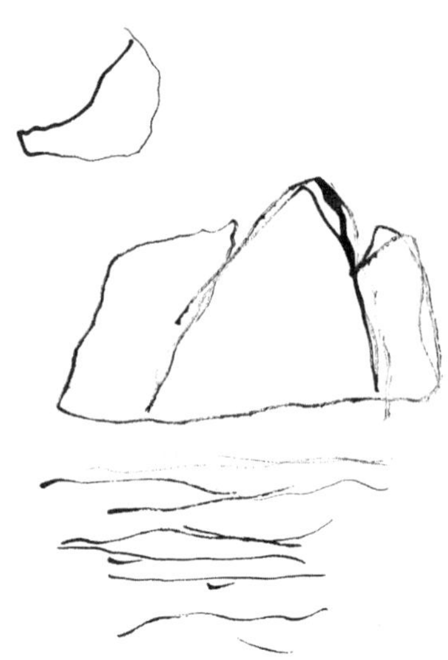

내 고향 산청山淸 1

산 높고 물 맑은 내 고향 산청山淸 거기엔
남명南冥의 산천재山川齋 성철性徹의 겁외사刧外寺
문익점文益漸의 목화와 류의태柳義泰의 산삼이 있고
농은農隱의 망경대望京臺 구형왕仇衡王의 돌무덤도 있도다

옥류玉流인 양 맑은 물 굽이굽이 경호강鏡湖江엔
은어 꺾지 쉬리 쏘가리 무리지어 노닐고
구름도 쉬어가는 지리산 그 숲 속엔
고라니 멧돼지 산토끼 너구리
사향노루 반달곰 부엉이도 터 일구고

우국충정憂國衷情 우리조상
지조志操 높은 선비님들
성리학性理學 실천바탕 도를 닦아 펼치어
후학들 다듬어서 나라 위해 충성하니
만천하 으뜸 가는 선비 고장 내 고향
너가 좋더라

이 가을밤

이렇게 마음 아플 땐
누가 옆에 있어줬으면 참 좋겠다
내 손 꼬–옥 잡아줬으면 눈물이 핑 돌 것만 같다
따뜻한 손 내 등 어루만져 줬으면 고이 잠 들것 같다

가을바람 목덜미를 파고들고
귀뚜라미 밤을 지새우며 짝을 부르고
소쩍새 피를 토하는 밤엔
떠나간 임 그리워 먼 별들을 헤어 보며
있던 날의 목멘 그리움 끌어안아 본다
아무도 없는 터–ㅇ 빈 방
아직도 더 살아 있어야만 하나
아직도 더 울어야만 하나

오늘 밤도 또 잠 못 이루고
비몽사몽非夢似夢
기–ㄴ 긴 꿈길

옛날 옛적 내 고향 거기엔

비발디의 사계절 여름 거기엔
사나운 뇌성번개 소나기 퍼 붙는데

내 고향 옛날 옛적 그 여름 거기엔
잠 못 이루는 열대야熱帶夜
매캐한 모깃불은 달마저 그을리고
왼종일 달구어져 쩔쩔 끓는 강물에
풍덩실 알몸으로 뛰어들면

아! 강물인가 온천인가
따뜻한 포옹이 참 좋더라

은어 떼 쉬리 떼 무리지어 노니는
여울목을 지나 침묵의 소沼엔
산 그리매 깊이깊이 잠겨 있고
소나무와 바위 솜털구름도
함께 잠겨 노닐고

한 마리 또 한 마리
푸짐하게 낚은 피라미
삿갓에 받아
돌아오는 길가 초가지붕 위
희디흰 박꽃은
내 누이 세모시 옥색 치마 적삼
달맞이 모습 애처로워라

지리산 밑 내 고향 거기

지리산

하늘 향해 끊임없이 치솟는
나무며 나무들
다 못해 앙상히 백골 되어
우러러 서 있고
우뚝 선 그대로의 큰 바위는
억겁을 두고 움직임 없는데
흰 구름은 아늑히
산마루에 머물고
수십 길 절벽엔
안개 걸려 있구나

동서남북 연연봉봉連連峰峰
한없이 뻗쳤는데
어디선지 은은히
목탁소리 들린다

아름드리나무며 바위며
그 언저리
향긋이
풀 이끼 냄새
나무 썩는 냄새

어쩌면
어머니 가슴 같은

아버지

양반혈통 대를 이어 부농富農 간직하시고
공자 맹자 뜻 받들어 향교직장鄕校直長 지키시며
선행공적善行功績 칭송받아
성균관 판서 참판 참봉 팔도도유사 표창表彰 받으시고

백석百石지기 큰돈으로 학교 세워 문맹 퇴치 힘쓰시고
굶주린 일가친척 논 사주고 밭 사주고
칠남 삼녀 떳떳하게 후손 대를 이으셨네

대학교수 두 아들 시인 한 아들
장군 손자 하나에 교수 손자 또 하나
대단한 그 혈통 고이 물려주시니
그 위에 더 바랄게 무엇 또 있으오리

이 세상에 오셨다가 가신 뒤에도
빛나는 그 혈통 대를 잇게 하시는
훌륭하신 내 아버지
그리운 아버지

어제 그리고 오늘

아버지 어머니 그 무덤 아래
할멈과 나란히 자리 잡아
금잔디 쌍봉우리로 누우면

이것이 희로애락喜怒哀樂의 전부인 것을
이것이 생로병사生老病死의 전부인 것을

그것 말고
그것 말고 또 무엇이 더 있기에
그렇게 그렇게도
허겁지겁 아등바등

허 허 참
멋없이 살아온
어제
그리고 오늘

별이 빛나는 밤에

150억 년 머-언 먼 그 옛날부터
봄 여름 가을 겨울 밤 마다 밤마다
오라고 오라고 눈 깜박이며 날 부르는데
너무나도 아득하여 갈길 망망하여라

은하수를 건너 작은곰자리
북극성 지나 큰곰자리
카시오피아 오리온 안드로메다 별자리들

내가 기쁠 때 밤하늘 널 바라보고
미소 짓고
내가 슬플 때 외로울 때 널 바라보고
한숨짓고 눈물 흘리고
눈 감고 두 손 모아 마음 달랬다

먼먼 훗날 언젠가
나 이 세상 끝나는 날
수십억 광년光年 달려서라도
너에게 가리니
가서 어깨 가지런히 너와 손잡고
푸르디푸른 지구별 너에게
나 또한 눈 깜박이며 손짓하리라

아름다웠었다고
그리고 행복 했었다고
정말 진정 행복했었노라고
언제나 언제까지나
눈 깜박이며
손짓하겠노라

흔적

캄캄한 암흑
그 속에서
뚜벅뚜벅
발자국 하나

넓디넓은 광야를 지나
사막을 건너
깊고 깊은 바다
높고 높은 산
또 그 어디로
걸어가야 한단 말이냐

바람이 불면
비가 오면
지워지고 말
그 흔적

끝내 허공으로
사라지고 말
그 자취

구월이 오면

구월이 오면

하얀 조각구름
푸르디푸른 머-언 하늘
코스모스 홀로 서 있고
들국화 소소히 나부끼는
언덕배기 오솔길

손잡고 거닐던 그 임
지금 어디에

졸졸 도랑물
구월이 오면

귀뚜라미 한사코 날 부르는
깊은 밤

지고이네루바이젠
그 구슬픈 곡 한 소절
들려주렴

구월이 오면

세모 단상歲暮斷想

어수선한 섣달그믐

댕그랑 댕그랑 구세군 냄비가
삶을 다그치듯 종을 울리고

앙상히 뼈대만 굳은 늙은 나무들이
내 몸뚱이처럼
쓸쓸하게 버티고 거리에 서 있다

언젠가는 내가 가야 할
까마득한 하늘 가
어둠속 간이역엔
마지막 기차가 머뭇머뭇
한숨을 토하고

살아온 날의 아름다웠던 기억들
그리워하며
햇솜 같은
어쩌면 흰 나비 같은
새하얀 눈송이들이
모두가 잠든 그믐 밤
한 잎 두 잎 날아온다

사랑으로 살아온 날
한 올 한 올
하얀 눈길 되라고
나직이 나직이

해설

순수하게 맑은 그리움과 충만함의 시학

— 李鍾遠 다섯 권째 시집 『내 그리움 그 너머에』 해설

순수하게 맑은 그리움과 충만함의 시학

정영자
문학평론가 · 부산광역시 문인협회 회장

나목의 차가움을 이기고 칼끝 같은 새잎이 툭 나오더니 어느 날 환하게 세상을 밝히며 하늘하늘 피던 벚꽃을 만나다는 것은 축복이다. 그 화려한 꽃구름 속을 거닐다가 문득 꽃비 되어 날리며 거리를 연분홍으로 도배하던 봄날은 분명 저 울퉁불퉁하고, 앙상한 가지를 달고 외롭게 줄 서 있던 나목의 벚나무 행렬 때문에 행복하였다. 우리는 안다. 한 생명이 자라서 의연하게, 그리고 엄숙하게 계절에 따라 몸짓을 다르게 하고 그 향기를 독특하게 가진다는 것을 안다. 늘 그리움 속에서 후배들 앞에서 겸양의 배려를 보이며 사는 李鍾遠 시인이 90세 나이에 접어들어 다섯 권째 시집 『내 그리움 그 너머에』를 상재한다.

그동안 시집 『땅 끝에 서서』(1993), 『나는 괜찮습니다1』(1999), 『나는 괜찮습니다2』(2003), 『빨간 들꽃 하얀 풀꽃』(2004)을 발표하여 자연 속의 시를 발표하였다. 그는 순수 그 무한한 청춘의 강, 그리움이 충만한 서정의 공간, 자연과의 합일 속에 시를 써왔다. 돌아본 세월 그리고 조국이라는 특성을 가지고 지속적으로 시의 지평선을 열어가고 있는 시인이다.

1. 순수 그 무한한 청춘의 강

74세에 19세의 소녀인 울리케에게 청혼할 정도의 열정을 가졌던 괴테, 73세 죽는 날까지 제자를 가르친 공자, 88세까지 피아노 연주를 한 루빈슈타인, 98세에 죽은 버트런드 러셀은 80세가 넘어서도 저술활동을 했고, 미켈란젤로는 72~89세까지 성 베드로 성당을 건축하고 벤자민 프랭클린은 65세에 자서전을 시작하여 82세에 완성하고 처칠은 고령으로 영국 수상이 되어 히틀러와 대결하고 84세에 자신이 그린 62점의 그림을 전시한다. 윤선도는 85세까지 시조를 짓고, 68세에 올랐던 영의정 자리에서 86세의 황희는 은퇴하고, 96세에 사망한 첼리스트 파블로 카잘스는 사망하기 8년 전에도 여전히 연주 활동을 하고, 마르코 샤갈은 98세까지 색채 마술사로서 유감없는 삶을 살았고, 세계적인 경영학자 피터 드러커는 96세까지 강연과 집필을 계속했다. 70세에 이른 세계 제일의 테너 플라시도 도밍고는 “이제 쉴 때가 되지 않았느냐.”라는 질문에 “쉬면 늙는다.”라며 “바쁜 마음이야말로 건강한 마음”이라며 젊음을 과시했다. 요즈음은 25세까지는 봄, 50세까지는 여름, 75세까지가 가을, 100세까지가 겨울이라고 한다. 공자는 나이 70에 마음 가는 대로 행동해도 도덕에 어긋나지 않았다고 하는 노인 예찬을 펼쳤고 앙드레 모루아는 “나이 드는 기술이란 희망을 유지하는 기술"이라는 단순 명료한 이야기를 하였다. 여성 해방 운동가이자 작가인 시몬드 보브아루는 『노년』이라는 책에서 "당신은 여전히 뭐든지 할 수 있는 당당한 세대이니 적극적으로 노년을 준비하고 생을 즐겨라."라고 강조하였다. 노년기는 성숙한 일생의 정리 단계, 그리고 인생 발달의 통합 단계에 해당된다. 나이라는 기준에는 가치라는 기준이 덧붙여져야 한다. 때문에 절제되고 발효된 세월이 녹아든 노년의 문학은 한결 맑고 고아하다. 李鍾遠 시인이야 말로 90세의 나이에도 그 박진감 넘치는 시 때문에 노년의 청춘을 고아하게 노래한다.

은하수를 떠돌다
하도 아름다워
지구별 그 위에
잠깐 한 발 내려디뎠는데

90년
너무 오래 머물었나 보다

— 「방황」에서

천상병 시인은 지구촌으로 잠시 “소풍 나와 아름다웠노라”고 말하리라 노래하였고 李鍾遠 시인은 “하도 아름다워/ 지구별 그 위에/ 잠깐 한 발 내려디뎠는데// 90년/ 너무 오래 머물었나 보다”고 노래하고 있다.

동심의 그 순수한 마음은 세상살이가 소풍으로, 하도 아름다워 한 발 내려 90년이 흘러간 것이다. 서포 김만중은 『구운몽』에서 인간의 세상살이를 하늘의 선관 선녀의 한 꿈으로 설정하였고, 시인들은 소풍하는 아름답고 지순한 경이로움으로 시화하고 있다.

나는 괜찮습니다

나 아닌 헐벗고 굶주린 저 어린이에게
하얀 쌀밥 한 사발 베풀어 주소서
못 배워 천대받고 매 맞는 저 여인에게
따뜻한 손 내밀어 주소서

나는 괜찮습니다

넉넉하지도 잘나지도 못했을지언정

3억 개체의 경쟁을 뚫고
나 혼자만이 어머니 뱃속에 깃들어
인간이란 최고의 명예로운 훈장을 목에 걸고
이 땅 위에 태어났다는
그것만으로도 나는
얼마나 행복한지 모릅니다

나는 괜찮습니다

저기 저 못난 사람
목숨 바쳐 나를 사랑하겠다는
저 여인에게도 복을 내려주소서

나는 아무래도 괜찮습니다

—「나는 괜찮습니다」 전문

위의 시는 남을 위한 기도문이다. 헐벗고 굶주린 어린이에게 하얀 쌀밥 한 사발 베풀어 주고 못 배워 천대받고 매 맞는 여인에게 따뜻한 손 내밀어 주는 기도이며 잘나지도 못한 자신이 어머니 뱃

속에서 이 세상에 태어났음을 행복해하고, 못나고 못 배운 여인이지만 목숨 바쳐 사랑하겠다는 여인에게 복을 내려 달라는 간절한 기도의 시다. 그 저변에는 자신은 태어난 것만으로도 행복하니 부족한 저들을 위하여 복과 위로를 달라는 시이다.

대체로 나이가 들어가면서 하고 싶은 것이 더 많은 회한에 젖어 더 많은 것을 탐하는 노탐(老貪)을 가진다고 한다. 그러나 시인은 자기를 위한 것이 아니라 못 갖춘 이웃에 대한 뜨거운 관심과 사랑으로 그들을 노래하며 기도하는 것이다.

드넓은 우주 속 삼라만상들
언제나 제 갈 길
거기 있는데

공연히
나 혼자 바빠서
저 혼자 급해서

다 허허로운 욕심일 뿐
빈손 툭툭 털고 떠날 것을

자! 우리
차나 한 잔 들자꾸나

—「혼자 바빠서」 전문

공연히 바쁘고 급한 자신의 일이 모두 허허로운 욕심이며 이제 빈 손 툭툭 털고 떠날 것인데 혼자 바쁜 자신에 대한 성찰은 앞에서도 언급한 「나는 괜찮습니다」와 그 맥을 같이 하고 있다. 그러나 그는 '즐거움을 보듬고 사는 늙은이' 이시다. 90세에 흘러넘치는 무한한 청춘의 강을 만나고 있는 것이다.

78세에 시 창작詩創作 공부방에 입학하니 다들 웃더라
79세에 시인으로 등단하니 다들 놀라더라
80세에 수필가로 등단하니 괜찮더라
84세까지 시집 4권 출판하니 보람을 느끼겠더라
85세에 컴퓨터를 배우니 너무 어렵고 힘들더라
하지만 우주 전체가 그 속에 들어 있어 참 좋더라
88세에 회고록을 출판하니 허리 휘어 펴지지 않으나
걸어온 그 자국마다 고인 피눈물이 아름답더라
90세 때쯤 시집이나 수필집 한 권 더 내리라

24시간 내내 365일 내내 즐거움이 나를 끌어안고
옆 돌아볼 짬도 없이 흘러가는 아침 그리고 저녁

—「즐거움을 보듬고 사는 늙은이」 전문

78세에 시 창작 공부를 시작하여 이듬해에 시인으로 등단하고 84세까지 4권의 시집을 낸 시인은 85세에 컴퓨터를 배워 그 속에서 우주를 섭렵하고 88세에 회고록을 출판하고 드디어 90세에 다섯 권째 시집을 상재하는 것이다. 때문에 24시간 내내, 365일 내내 즐거워서 옆을 돌아볼 시간 없이 아침과 저녁을 보내고 있다는 긍정적인 노년의 삶과 사랑을 찬탄하며 읊고 있다.

시인에게 있어 나이는 아무런 걸림 없이 청춘이 꽃피고 시의 강으로 흐르는 원인과 그 결과가 되고 있는 것이다. 이런 의미로 그는 90의 청춘을 노래하는 시인이다.

2. 그리움이 충만한 서정의 공간

은유적 장치가 있고 상징의 하늘이 펼쳐진 시는 90 세월을 살아온 시인에게는 하나의 기교다. 철학과 곰삭은 삶의 강을 헤엄쳐

자족의 언덕에 올라 서정의 바람을 생산해 내는 시인에게는 직설적인 자신의 삶이 자서전처럼 전개된다. 그의 시는 일기이며 살아온 세월을 진솔하게 밝히는 성찰의 기록이다.

소리 없이 내 창문 적심은
한없는 아쉬움인가
못다 한 정 알알이 풀고픈
그리움인가

차라리
주먹 같은 소나기 퍼붓지그래
차라리
뇌성번개 때리지그래

—「장맛비 2」에서

아픔의 그것일지도 모른다
흘러간 그것일지도 모른다
상처뿐인 그것일지도 모른다
그리운 그것일지도 모른다

다시 찾고픈 그것일지도 모른다

뼈저린 내 눈물 그것일지도 모른다

—「소낙비」 전문

그는 유난히 '비'를 많이 노래하고 있다. "무슨 못다 한 아쉬움 남았기에/ 저렇게도 날 불러 쌓는고"로 표현된 「장맛비」도 망설이다가 또 불러보다가 마는 떠난 이의 찾아옴으로 노래하고 있다. 아쉬움과 그리움이 비가 되어 '투닥투닥'. '머뭇머뭇', '톡톡' 내리는 조용한 비의 존재를 차라리 "주먹 같은 소나기로 퍼붓거나" "뇌성 번개로 때리지"라는 강렬한 열정으로 그리움을 달래고 있다.

소리 없이 찾아오는 떠난 아내의 비 같은 방문을 그는 아픔과 상처, 찾아 나서고자 하는 뼈저린 눈물로 노래한다. 때문에 간절한 그리움은 시의 표현으로, 시 쓰기를 통한 그리움의 소통으로 그는 자신을 치유하고 있다. 도종환의 『접시꽃 당신』이 젊은 남편이 아내를 그리워하는 열정의 소산이라면 李鍾遠 시인의 시는 고령의 남편이 먼저 간 아내를 그리워하는 애끓는 사랑의 시며 바동거리며 살고 있는 자신에 대한 성찰의 시이기도 하다.

…(전략)…

오월 열사흘
밤꽃이 흐드러지게 핀 고향길
당신 무덤 다독이며
쓰디쓴 술 한 잔 뿌려두고
손수건 깨물며 돌아섭니다

삼십 년 옛날 그 정
알알이 파고드는데
혼자라는 이 자리
한숨이며 통곡뿐입니다
오늘도 또 남몰래
허겁지겁 아등바등
구름이고 바람뿐인 허무의 그 자리
가야 합니까

뻐꾸기는 어쩌자고
저렇게도 섧게 날 불러 쌓는고

—「오월 열사흘(아내의 제삿날)」에서

딸이 보내온
열대여섯 가지 택배 반찬
널따란 식탁이 비좁은
아침 식사

등 푸른 고등어조림
쇠고기 장조림
오래 삭은 묵은 김치
아삭아삭 풋고추
쇠고기가 듬뿍 든 미역국

눈물 나도록 너무 맛있는
외로운 식사

— 「딸의 밥상」에서

알알이 파고드는 30년 옛날의 정을 생각하며 밤꽃이 흐드러지게 핀 고향길 아내의 무덤을 찾은 시인은 「딸의 밥상」에서 "눈물 나도록 너무 맛있는/ 외로운 식사"를 하며 아내를 생각한다. 부재의 님을 임재의 님으로 하고자 하는 아쉬움과 갈등 속에서 시는 태어나는 것이다.

3. 자연과의 합일 속에 인생은 자란다.

"대자연의 일부분인 좁쌀만 한 크기로 돌아가면 스스로 행복해진다. 3억 개체의 아버지의 씨앗 중에서 나 혼자만이 어머니 뱃속에 살아남아 만물의 영장이 되었다는 그것만으로도 나는 얼마나 행복한지 모르겠다. 물욕, 명예욕 다 낮추고 시인이 된 행복, 이 나이에도 이렇게 건강하다는 행복, 에티오피아나 아프리카나 북조선이 아닌 대한민국에 태어났다는 행복,야만 시대가 아닌 문명이 발달된 20세기에 태어난 행복, 굶주리지 않고 많은 교육을 받았다는 행복, 산 좋고 물 맑고 푸르른 바다가 있고 춘하추동 사계절이 아름다운 곳에 태어났다는 행복, 이 이상 또 무엇이 필요하단 말인가. 허욕은 사람을 불행하게 만든다. 결국은 혼자서 외롭게 빈손 툭툭 털고 떠날 것 아닌가.

자! 우리 욕심을 조금만 버리고 자연으로 돌아가 행복하게 살자. (「책머리에」에서)"

시인은 대자연의 좁쌀만 한 일부로 돌아갈 때 행복해진다고 설

파하고 있다. 인간으로 태어나서 대한민국에 살고 있음에 행복하고, 바다가 있는, 사계절이 있는 아름다운 곳에서 태어났음을 찬탄하고 있다. 때문에 독자를 향하여 욕심을 조금만 버리고 자연으로 돌아가 행복하게 살자고 권하고 있다. 시인의 자연 친화적인 삶은 난초와 양치류 등을 키우며 200년 된 빗살무늬 기와에 풍란을 붙여 해마다 신록이 푸를 때 꽃 핀 풍란 30점씩을 문인, 친지들에게 선물하는 즐거움으로 시작한다. 하루 종일 훈훈하게 습기로 배어 있는 베란다에서 고아한 난잎과 그 순결한 풍란의 희고 기품 있는 꽃을 피우며 지인들에게 그 절정의 순간을 디카로 찍어 메일로 보내어 주는 솜씨는 젊은이의 열정을 넘어서고 있다. 온갖 들꽃의 이름으로 시를 지어 잊어버리고 있는 들꽃 사랑을 일깨워 주기도 했다. 지리산 시인은 "지리산을 찾아오시려거든… 가능하면 지리산으로 오시지 말라고" 지리산 사랑을 노래하였다. 李鍾遠 시인은 「행여나 날 찾아오시려거든」이란 시를 통하여 자연 사랑과 인간사랑 그리고 이별에 대한 아픔을 함께 노래하고 있다.

행여나 날 찾아오시려거든

뒷동산 언덕배기 솔솔바람에 나부끼는

하얀 들국화 한 아람 안고 오소서

언제였던가

그 옛날 있던 날의 그 가을날이
아슴아슴 속눈썹에 매달려 그럽니다

산 너머 바위 밑 졸졸졸 감로수도
한 바가지 받아 오소서
너무 오래 기다리느라 까맣게 타버린 가슴을
달래야 할 것 같아서 말입니다

행여나 날 찾아오시려거든
갯바위에 부딪히는 광란의 파도소리도
가슴에 담아 오시구려
당신 가슴에 귀 기울이고
그 정열 느껴보려 합니다
그리고 그 바닷가에서
낚시질도 함께 해보고 싶어서입니다

서녘 하늘에 혼자 울고 있는
낮달도 데려오시구려
혼자라는 것은
너무나 가슴 아픈 일이니까요

행여나 날 찾아오시려거든
맴 맴 맴 맴 온종일 짝 부르는
매미 소리도 익혀 오시구려
세상에 태어나 모든 욕심 다 버리고
오직 사랑만 하다가 죽는 그가
너무 거룩해 배우고자 함입니다

행여나 날 찾아오시려거든
마음속 모두모두 비워두고
빈 가슴으로 오시구려
내 사랑 모두모두 담을 수 있게 말입니다

—「행여 날 찾아오시려거든」에서

"행여나 날 찾아오시려거든/ 뒷동산 언덕배기 솔솔바람에 나부끼는/ 하얀 들국화 한 아름 안고 오소서" "너무 오래 기다리느라 까맣게 타버린 가슴을 달래줄" "산 너머 바위 밑 졸졸졸 감로수도 / 한 바가지 받아 오소서" "갯바위에 부딪히는 광란의 파도소리도 / 가슴에 담아 오시구려" 그래야 그 정열 느끼고자 하며 "서녘 하늘에 혼자 울고 있는/ 낮달도 데려오시구려" 왜냐하면 "혼자라는 것은/ 너무나 가슴 아픈 일이니까요" 그리고 "세상에 태어나 모든 욕심 다 버리고/ 오직 사랑만 하다가 죽는 그가/ 거룩해 배우고자" "맴 맴 맴 맴 온종일 짝 부르는/ 매미 소리도 익혀 오시구려" 라는 주문을 하고 있다. 이와 같은 솔솔바람에 나부끼는 들국화 한 아름과 바위 밑을 흐르는 계곡물 한 바가지, 파도소리. 서러운 낮 달, 오직 사랑 하나로 짝을 찾다 죽는 매미의 울음소리를 듣고 오라는 시인의 자연과 더불은 맑고 담백한 삶은 온갖 잡다한 것을 마음속에서 다 비우고 빈 가슴으로 와서 자신의 사랑을 담아 달라는 간절한 사랑시로 귀결된다.

시인의 서정시는 바로 사랑이 밑바탕이요, 이것을 노래하기 위하여 이 세상 맑고 아름다운 자연이 활용되고 있는 것이다. 이와 같은 자연을 바탕으로 한 시는 「돌부처」에서 생명을 가지고 혜안을 가진다 .

비에 젖고
눈에 젖고
바람에 그냥 두들겨 맞으며

한 천 년쯤 서 있으면

뭐가 보이니

— 「돌부처」에서

돌부처의 혜안은 비, 바람, 눈 속에서 젖고 두들겨 맞으며 천 년쯤 지나면 성찰에 눈이 뜨이고 새로운 세계를 만난다고 했다. 때문에 돌부처가 자연 속에서 천 년의 세월을 견디는 한 세계를 꿰뚫어 가는 것처럼 사람도 처절한 고독 속에서 사람으로 거듭난다는 것을 노래한 것이다.

4. 돌아 본 세월 그리고 조국

李鍾遠 시인의 돌아본 90년 세월은 예사롭지 않다. 한국 근대사의 피맺힌 한스러움을 가진 우리 역사의 현장을 그는 똑똑하게 기억하고 그 현실을 시로써 형상화하고 있다.

특히 「땅 끝에 서서」는 신의주를 지나고 압록강을 건너 황량한 만주벌판의 땅 끝에 서서 한 민족의 만주이동에 대한 서러움을 표현하고 '왜놈들아' 하고 부르면서 조국에 있는 겨레들은 모두 두들겨 맞아 귀머거리가 되었나 보다고 노래하고 있다. 잘 살아보고, 배불리 먹어 보겠다고 동토의 땅으로 간 그들이 칠판에 써 내려간 눈물의 우리글인 〈우리의 맹세〉 소개는 시인의 조국 사랑을 극명하게 보여주고 있다. "우리들 고려의 백성들은 조국을 위하여 / 한 방울의 피까지도 아끼지 않고 다 받치겠나이다" 조국의 약도와 〈우리의 맹세〉가 일 년 365일 내내 쓰인 충경개척단공립 충경국민우급학교 용선둔분교 우급학년 칠판의 글은 그에 의하여 다시 우리들에게 치열한 민족정신을 재생시켜 주고 있는 것이다. 그곳 학교에서 교편을 잡고 머나먼 조국이 그리워 눈물짓던 툰드라 대평원의 피 끓던 젊은이가 이제 90년 세월을 회고하며 시를 쓸 수밖에 없었던 것이다. 그의 시는 노래인 동시에 증언이요 역사인 것이다. 한 개인의 역사이면서 우리 민족사의 한 부분을 직설적으로 표현한 것이다.

문학세계대표작가선 633

내 그리움 그 너머에

南岡 李鍾遠 詩選集

인쇄 1판 1쇄　2011년 6월 27일
발행 1판 1쇄　2011년 7월　5일

지 은 이 : 李鍾遠
펴 낸 이 : 金天雨
펴 낸 곳 : (주)천우미디어그룹/도서출판 天雨
등　　록 : 1992. 2. 15. 제1-1307호
주　　소 : 서울시 성동구 하왕십리동 966-23 금룡빌딩 2F
전　　화 : 02)2298-7661
팩　　스 : 02)2298-7665
http://www.moonhaknet.com
E-mail : ing@moonhaknet.com

값 10,000원

ISBN 978-89-7954-482-4